Atteignez vos objectifs grâce à l'auto-hypnose

Une technique simple et rapide à appliquer au quotidien !

(Série : Droit au but ! Vol. 3 - Toutes les thématiques exposées, toutes les techniques révélées... simplement et sans fioritures !)

Frank Soler

ISBN : 9781521756973

Avertissement : ce livre est uniquement destiné à transmettre de l'information et ne peut se substituer à un avis médical ou à un traitement d'ordre psychologique.

"Celui qui n'a pas d'objectifs ne risque pas de les atteindre."

Sun Tzu

Table des matières

Qu'est-ce que l'auto-hypnose ?

Avez-vous déjà vu un vieux film d'horreur ou une émission de télévision où l'hypnose est dépeinte comme un instrument effrayant de contrôle de l'esprit grâce auquel de méchants personnages sans scrupules asservissent la volonté de leurs victimes sans défense ? Peut-être avez-vous déjà vu un spectacle où un hypnotiseur semble utiliser de mystérieux "pouvoirs hypnotiques" pour que les gens – parfois des salles entières - se mettent subitement à faire et dire des choses qu'ils ne feraient ou ne diraient jamais dans des conditions normales. Si oui, vous comprendrez qu'il n'est pas surprenant que l'hypnose puisse sembler quelque peu farfelue à certains, contrairement à d'autres phénomènes psychiques apparemment inexplicables. Cela est regrettable parce que l'hypnose est en réalité un outil thérapeutique sérieux et efficace qui peut aider de nombreuses personnes à surmonter bon nombre de troubles psychologiques, émotionnels et même certains problèmes physiques.

Afin de clarifier les choses, nous allons lever tout de suite certaines idées reçues sur ce qu'est l'hypnose et sur ce qu'elle n'est pas. Commençons par cette dernière catégorie.

Ce que l'hypnose n'est pas :

• Un contrôle de la pensée
• Un lavage de cerveau
• Un endormissement
• Une forme d'inconscience
• Un état modifié de conscience
• Un état mystique

Lorsqu'on l'hypnotise, une personne est :

• Consciente
• En contrôle
• Dans un état naturel et inoffensif
• Capable de sortir de l'état hypnotique quand elle le souhaite

L'état hypnotique peut ainsi être décrit comme un état d'attention très ciblée avec une suggestibilité accrue. L'hypnose est parfois, mais pas toujours, accompagnée par de la relaxation. Quand une personne telle qu'un thérapeute induit l'hypnose chez une autre personne, on parle d'hétéro-hypnose, souvent désignée par le terme d'hypnothérapie. Lorsque l'hypnose est auto-induite, on parle d'auto-hypnose.

Le mot hypnose vient du mot grec "hypos" qui signifie *sommeil*. C'est une abréviation du terme neuro-hypnotisme qui signifie *sommeil du système nerveux*.

Ce  terme fut inventé par l'éminent neurochirurgien James Braid (1796-1860). Cependant, l'hypnose n'est pas un état de sommeil. En fait, lorsqu'une personne est sous hypnose, elle est éveillée et généralement au courant de tout ce qui est dit et fait. Réalisant cela, Braid essaya par la suite de changer le terme d'hypnose pour celui de monoïdéisme, qui est le fait d'être concentré sur une seule et unique idée. Cependant, le mot *hypnose* est resté le terme courant toujours employé à ce jour.

Comment puis-je utiliser l'auto-hypnose pour atteindre mes objectifs ?

L'auto-hypnose est souvent utilisée pour modifier les comportements, les émotions et les attitudes. Par exemple, beaucoup de gens utilisent l'auto-hypnose comme une aide pour traiter les problèmes de la vie quotidienne. L'auto-hypnose peut renforcer la confiance et même aider les gens à acquérir de nouvelles compétences. Elle peut soulager le stress et l'anxiété, et peut également être utilisée pour aider à surmonter certaines habitudes nocives comme le tabagisme et la suralimentation. Les sportifs peuvent l'utiliser pour améliorer leurs performances, et elle peut également être utile aux personnes souffrant de douleurs physiques ou de maladies liées au stress (l'hypnose ne doit être utilisée de cette manière qu'après qu'un diagnostic médical ait été établi sous la direction d'un médecin ou d'un thérapeute qualifié).

Une technique d'auto-hypnose

Je vais à présent vous présenter une **technique simple mais efficace** d'auto-hypnose. Cette technique est appelée *fixation oculaire* et est l'une des formes d'auto-hypnose les plus populaires et les plus efficaces jamais développées. Nous allons commencer par l'utiliser comme une méthode pour vous aider à vous détendre. Après l'avoir pratiqué un certain nombre de fois, nous allons ajouter des suggestions et des images hypnotiques. Réduisez au minimum les distractions de toutes sortes, en vous installant dans une pièce ou dans un lieu où vous ne serez pas dérangé, et éteignez votre téléphone, votre téléviseur, votre ordinateur, etc. Ce moment est un temps pour vous. Vous allez vous concentrer sur votre objectif d'auto-hypnose et sur rien d'autre.

Ensuite :

1. Asseyez-vous sur un fauteuil ou un siège confortable avec les jambes et les pieds décroisés.

Évitez de prendre un repas trop copieux avant de démarrer votre séance, de façon à ce que vous ne vous sentiez pas ballonné ou mal à l'aise. Sauf si vous souhaitez somnoler, asseyez-vous sur une chaise, car vous allonger (sur un lit, un canapé ou autre) induira probablement le sommeil. Il est également conseillé de desserrer (ou d'ôter si vous le pouvez) vos vêtements et d'enlever vos chaussures. Si vous portez des lentilles de contact, il est conseillé de les enlever, mais c'est à votre convenance. Gardez bien vos jambes et vos pieds décroisés.

2. Levez les yeux vers le plafond et prenez une profonde inspiration.

Sans forcer sur votre cou ni trop incliner votre tête, focalisez votre attention sur un point sur le plafond et fixez votre regard sur ce point. Alors que vous gardez les yeux fixés sur ce point, prenez une profonde inspiration et retenez-la durant un moment, puis expirez. Répéter-vous silencieusement la suggestion suivante : « Mes yeux sont lourd et fatigués et je veux **dormir maintenant** ». Répétez ce processus plusieurs fois et, si vos yeux ne l'ont pas déjà fait, laissez-les se fermer et détendez-vous dans une position normale. Il est important, en vous répétant cette suggestion, de faire comme si vous l'entendiez, par exemple d'une manière douce, apaisante, mais convaincante.

3. Laissez votre corps se détendre.

Laissez votre corps devenir lâche et mou dans le fauteuil comme une poupée de chiffon. Puis comptez lentement et mentalement de cinq jusqu'à zéro. Dites-vous que, à chaque chiffre, vous devenez de plus en plus détendu. Restez dans cet état de détente pendant quelques minutes tout en vous concentrant sur votre respiration. Remarquez la hausse et la baisse de votre diaphragme dans votre poitrine. Apprenez à détendre votre corps sans même essayer de le faire. En fait, moins vous essayez, plus vous êtes détendu.

4. Lorsque vous êtes prêt, revenez dans la pièce en comptant de un à cinq.

Dites-vous que vous redevenez conscient de votre environnement et au chiffre cinq, ouvrez vos yeux. Comptez de un à cinq d'une manière vivante et énergique. Au chiffre cinq, ouvrez vos yeux et étirez vos bras et vos jambes.

Répétez cette technique **trois ou quatre fois** et notez comment vous atteignez un niveau plus profond de relaxation à chaque essai. Toutefois, s'il vous semble que vous n'arrivez pas à vous détendre autant que vous le souhaiteriez, ne forcez pas. Il y a une courbe d'apprentissage normale, à pratiquer sur une base régulière, pour pratiquer l'auto-hypnose correctement.

Parfois, les gens se sentent un peu vaseux ou somnolents après être sortis de l'hypnose. C'est la même chose que de s'éveiller d'une sieste l'après-midi, mais c'est inoffensif et cela passe après quelques instants. Cependant, ne conduisez pas et n'utilisez pas d'outils dangereux jusqu'à ce que vous vous sentiez complètement réveillé.

Difficultés d'apprentissage de l'auto-hypnose

Avez-vous déjà connu la frustration d'avoir un nom sur le bout de la langue et de ne pouvoir le retrouver ? Plus vous essayez de vous rappeler ce nom, plus il vous est difficile de le ramener à votre conscience. Puis, quand vous vous détendez enfin, le nom vous revient. Parfois, quand nous essayons trop fortement, nous nous bloquons dans l'atteinte de nos objectifs. L'attitude que vous adoptez envers l'auto-hypnose déterminera si vous l'apprendrez facilement ou non. Ne vous fixez pas d'objectifs irréalistes ou trop durs à atteindre. Détendez-vous et prenez votre temps. Acceptez le rythme auquel vous obtenez des résultats, si petits qu'ils puissent vous sembler à première vue. Croyez en vous et vous atteindrez le succès que vous désirez.

Les suggestions post-hypnotiques et leurs règles

Comme mentionné précédemment, l'hypnose est un état de suggestibilité accrue. Vous donner des suggestions en état d'auto-hypnose permettra qu'une action ou une autre réponse ait lieu après l'expérience hypnotique. Ces formes de suggestion sont appelées suggestions post-hypnotiques et vous aideront à atteindre vos objectifs. Au fil des ans, les hypnothérapeutes ont élaboré des règles de suggestion. Ce sont des lignes directrices qui vous permettront d'atteindre le maximum de succès avec les suggestions que vous vous donnez. Ce qui suit est un résumé de ces règles.

1. Dites-le comme si vous l'entendiez.

Avez-vous déjà vu un acteur marmonnant son texte sur scène en parlant d'une voix calme et douce – mais à peine audible ? Le résultat serait une performance pas très convaincante. Contrairement au jeu sur scène, les suggestions hypnotiques sont répétées en silence. Cependant, vous devez répéter ces suggestions comme si vous entendiez ce que vous dites. Soyez rassurant, positif et confiant.

2. Les suggestions doivent être formulées de manière positive et au présent.

La plupart d'entre nous réagissent plus favorablement à une suggestion formulée positivement que négativement.

Que préférez-vous entendre : « *Ne laissez pas ceci sur le sol* » ou « *Voulez-vous bien ramasser cela ?* »

Les suggestions sont beaucoup plus efficaces lorsque vous mentionnez ce vers quoi vous souhaitez avancer, plutôt que ce dont vous souhaitez vous éloigner. Par exemple : « *Je suis calme* » est mieux que « *Je ne suis pas inquiet* ». « *J'arrête de fumer avec facilité* » est mieux que « *Je vais essayer d'arrêter de fumer* » car le mot *essai* implique des difficultés et une lutte.

Vos suggestions sont plus efficaces lorsqu'elles sont formulées au présent, comme si elles étaient déjà une réalité.

Donc, « *Je suis détendu en avion* » est mieux que « *Je serai détendu quand je serai dans l'avion* ». Ou, « *Je suis de plus en plus confiant* » est mieux que « *Je vais essayer d'être confiant* ».

3. Faites des suggestions spécifiques et réalistes.

Vos suggestions seront plus efficaces si elles sont spécifiques et réalistes. Si vous souhaitez améliorer vos performances en natation, il serait irréaliste de vous donner la suggestion « *Je suis un nageur de classe mondiale* », à moins bien sûr que vous en soyez déjà un, ou que vous soyez sur le point de devenir champion du monde. Demandez-vous plutôt ce qu'il vous manque précisément, par exemple au niveau technique, pour vous améliorer. Si vous voulez vous améliorer à la brasse, donnez-vous une suggestion réaliste adaptée à cet aspect spécifique de votre technique. Structurez vos suggestions en fonction des changements que vous souhaitez voir en vous-même plutôt que sur des choses qui sont hors de votre contrôle, comme des événements externes et des tierces personnes. Ne vous donnez pas de suggestions pour traiter plusieurs sujets en même temps. Par exemple, la suggestion « *Je suis confiant que je peux perdre du poids et arrêter de fumer* » ne sera probablement pas très efficace. Au lieu de cela, travaillez sur un objectif à la fois, en répétant les suggestions associées à cet objectif. Quand vous constatez des résultats, passez à l'objectif suivant.

4. Répétition des suggestions

Les annonceurs connaissent la valeur des suggestions, ce qui explique pourquoi ils paient – souvent très cher - pour faire passer des publicités télévisées et radiophoniques sur une base régulière. Une des règles

les plus importantes lors de la pratique de l'auto-hypnose est la répétition de vos suggestions. De cette façon, vos suggestions sont beaucoup plus susceptibles d'engendrer des changements positifs.

L'imagerie en hypnose

Quand vous vous donnez des suggestions hypnotiques, visualisez la situation, l'action et les sentiments que vous désirez. En plus de vous représenter le résultat souhaité, vous pouvez utiliser votre sens du toucher, de l'ouïe et même de l'odorat. Vous pouvez créer de nouvelles images, ainsi que des images à partir de vos souvenirs et expériences. Les gens croient parfois qu'ils doivent obtenir une image de leur objectif claire comme du cristal, comme s'ils regardaient un film. Cependant, une attitude positive et la croyance que vous êtes « dans le rôle » sont plus importantes qu'une image claire.

L'exercice suivant illustre combien la suggestion et l'image mentale peuvent être efficaces. Ne l'utilisez pas si vous avez une aversion pour les citrons.

L'exemple du citron

- Asseyez-vous dans un fauteuil confortable et fermez les yeux.
- Imaginez un citron ordinaire.
- Imaginez que vous coupez ce citron en deux.
- Observez le jus qui coule sur chaque morceau de citron.
- Prenez mentalement un morceau de ce citron. Portez-le à votre bouche et mordez dedans.

Même si l'image du citron n'était pas claire, vous avez peut-être grimacé tout de même, et peut-être même salivé.

Ajout de suggestions hypnotiques et de visualisation dans l'auto-hypnose

La répétition des résultats positifs

Lola éprouve le trac. Elle doit jouer dans une pièce de théâtre et craint que sa performance ne soit pas à la hauteur de ce dont elle est capable. Lola veut apprendre l'auto-hypnose pour l'aider à se sentir plus confiante. J'enseigne à Lola l'auto-hypnose, puis lui enseigne à se représenter le résultat souhaité. Avec cette technique, la personne se visualise sur la scène et réagit de la manière qu'elle désire tout en répétant des suggestions post-hypnotiques pour l'aider à atteindre son objectif. Après s'être mise en état d'auto-hypnose, Lola s'imagine sur scène, jouant avec confiance et facilité. Tandis qu'elle visualise cela pendant 30 secondes, elle répète trois fois la suggestion post-hypnotique *« Je joue avec aisance et confiance »*. Alors qu'elle est encore dans l'état hypnotique, elle répète ce processus deux fois.

Voici comment la technique s'applique, en reprenant depuis le début :

1. **Asseyez-vous** dans un endroit confortable avec les jambes et les pieds décroisés.

2. Sans trop incliner votre tête ni forcer sur votre cou, **choisissez un point** sur le plafond et **fixez** votre regard sur ce point. Alors que vous garder les yeux fixés sur ce point, **prenez une profonde inspiration** et maintenez-la aussi longtemps que possible sans que cela ne devienne inconfortable. Puis, tandis que vous **expirez**, **répétez la suggestion** « Mes yeux sont lourds et fatigués et je veux **dormir maintenant** ». Répétez ce processus **plusieurs fois** et, si vos yeux ne l'ont pas déjà fait, laissez-les se **fermer** et détendez-vous dans une position normale.

3. Laissez votre corps devenir **lâche** et mou dans le fauteuil, comme une poupée de chiffon. Puis, lentement et avec intention, **comptez à rebours** en silence de cinq à zéro. Dites-vous que, à chaque chiffre, vous devenez de plus en plus détendu.

4. Pensez à une **image** qui représente la situation que vous souhaitez maîtriser et voyez-vous **atteindre votre objectif**.

5. **Répétez-vous trois fois** une suggestion positive telle que :

« Je suis confiant, calme et détendu ».

Dites-le avec conviction tout en maintenant l'image pendant environ **30 secondes**.

Répétez cette opération **trois fois** et, entre chaque répétition, restez en état d'hypnose et concentrez-vous sur le fait de relaxation votre corps.

6. **Revenez** dans la pièce en comptant de un à cinq et ouvrez les yeux.

Comment définir vos objectifs

1. Donnez à la réalisation de vos objectifs une priorité élevée. Prévoyez d'utiliser l'auto-hypnose sur une base **quotidienne** et vous commencerez à voir des résultats.

2. **Écrivez** vos **objectifs** sur papier. Clarifiez ce sur quoi vous voulez travailler et soyez précis. Assurez-vous que vous vous fixez des objectifs qui soient réalisables. Si ce sont des objectifs à long terme, il peut être utile de les décomposer en plusieurs étapes.

3. Formulez vos **suggestions** hypnotiques et **écrivez**-les. Écrivez un certain nombre de suggestions pour l'objectif sur lequel vous travaillez. Suivez les règles de suggestions post-hypnotiques. Vous pouvez même écrire votre propre script (voir l'exemple plus bas).

4. Décidez de **l'imagerie** que vous prévoyez d'utiliser. Si votre objectif est de vous détendre, imaginez une scène agréable, comme une plage ou un parc par un beau jour d'été. Vous pouvez utiliser l'exemple de Lola.

5. Si vous ne parvenez pas à atteindre un objectif, ne vous en faites pas. Rappelez-vous que ne pas atteindre un objectif ne signifie pas que c'est un échec. Il se peut que vous ayez besoin d'approcher l'objectif d'une manière **différente** ou que vous ayez besoin de **persister** davantage.

Un script d'auto-hypnose pour vous aider à vous détendre et à réduire l'anxiété

Voici un exemple de script conçu pour vous aider à vous détendre et à faire face à l'anxiété. Sentez-vous libre de modifier les images en fonction de vos besoins particuliers. Par exemple, au lieu de vous imaginer sur une plage, vous pouvez préférer imaginer que vous êtes dans un parc par une chaude journée d'été. Vous pouvez également changer le symbolisme utilisé pour résoudre un problème que vous souhaitez travailler. Sentez-vous libre d'enregistrer le texte et de le lire, ou de demander à quelqu'un de vous le lire.

Placez-vous d'abord en état d'hypnose comme précédemment :

1. Asseyez-vous dans un endroit confortable avec les jambes et les pieds décroisés.

2. Sans trop incliner votre tête ni forcer sur votre cou, choisissez un point sur le plafond et fixez votre regard sur ce point. Alors que vous garder les yeux fixés sur ce point, prenez une profonde inspiration et maintenez-la aussi longtemps que possible sans que cela ne devienne inconfortable. Puis, tandis que vous expirez, répétez la suggestion « Mes yeux sont lourds et fatigués et je veux

dormir maintenant." Répétez ce processus plusieurs fois et, si vos yeux ne l'ont pas déjà fait, laissez-les se fermer et détendez-vous dans une position normale.

3. Répétez le script suivant intérieurement, en silence et avec conviction :

«Je permets maintenant à mon corps de se détendre et de se relâcher dans ce fauteuil, tel une poupée de chiffon. Tandis que je continue à me détendre, je remarque où se situe cette détente dans mon corps. Peut-être que je remarque un sentiment de confort réchauffant mes mains et mes doigts ou peut-être que le confort est perceptible dans une autre partie de mon corps. A chaque inspiration que je prends et à chaque son que j'entends, ce confort et cette détente s'approfondissent. Je compte maintenant de cinq à zéro. A chaque chiffre, ma relaxation s'approfondit. Elle peut même doubler. Cinq - plus profondément - quatre - calme - trois - plus détendu - deux - un - zéro ».

«Je me vois maintenant sur une plage de sable doré. Je peux sentir la chaleur du sable sous mes pieds et la chaleur du soleil sur mon corps. Je peux imaginer que je suis seul sur la plage ou que d'autres sont là tandis que ma relaxation s'approfondit. J'écoute le bruit de la mer, le clapotis des vagues sur le rivage. Je me sens si calme, confiant et détendu que je peux rester sur cette plage aussi longtemps que je le désire. Après un certain temps, je me vois dans un champ, par une chaude journée d'été. Il n'y a pas un nuage dans le ciel. Au milieu de ce champ se trouve un ballon à air chaud et, attaché au ballon, un panier qui est posé sur le sol avec des sacs de sable. Le ballon à air chaud s'élève sans effort dans le ciel. J'imagine maintenant que je place tout mes soucis, toutes mes peurs et toute mon anxiété dans ce panier. Plus je dépose mes soucis dans le panier, plus je ressens un soulagement. Je me sens maintenant comme si un grand poids avait été levé de mes épaules ».

« Je libère les sacs de sable et regarde le ballon, avec son panier, qui monte dans les airs. Tandis que je regarde le ballon montant dans les airs, je me sens soulagé. Plus le ballon monte, plus le soulagement que je ressens est grand. Plus le ballon s'éloigne, plus mes soucis me semblent insignifiants. Alors que je vois ce *ballon devenir de plus en plus petit tandis qu'il s'éloigne dans le lointain, je me répète trois fois :*

« Je laisse aller mes soucis, ma peur et mon anxiété ».

Quand je suis prêt, je reviens dans ma chambre en comptant de un à cinq et en ouvrant les yeux ».

Lorsque vous pratiquez l'auto-hypnose, l'imagerie que vous utilisez et les suggestions que vous vous donnez ne sont limitées que par votre imagination.

Points principaux

L'hypnose est un outil thérapeutique sérieux qui peut aider les gens à surmonter de nombreux problèmes psychologiques, émotionnels et même certains problèmes physiques. Ce n'est pas du contrôle mental, du lavage de cerveau, une forme de sommeil, de l'inconscience, un état modifié de conscience ou un état mystique. Lorsqu'elle est sous hypnose, une personne est consciente, en contrôle et peut sortir de l'hypnose quand elle le souhaite. C'est un état naturel et inoffensif.

L'auto-hypnose peut modifier le comportement, les émotions et les attitudes. Elle peut être utilisée pour accroître la confiance et développer de nouvelles compétences. Elle peut aider à réduire le stress et l'anxiété, et peut même aider les gens à surmonter des habitudes nocives telles que le tabagisme ou la suralimentation. L'auto-hypnose est également utilisée par les sportifs afin d'améliorer leurs performances sportives. Si vous rencontrez des problèmes médicaux ou psychologiques cependant, il est essentiel de demander l'avis d'un médecin ou d'un thérapeute compétent avant d'utiliser l'auto-hypnose.

Évitez de prendre un repas trop copieux juste avant de pratiquer l'auto-hypnose afin de ne pas vous sentir gonflé ou mal à l'aise. Sauf si vous souhaitez somnoler, asseyez-vous sur une chaise, car le fait de vous allonger induira probablement le sommeil. Vous pouvez également desserrer vos vêtements et enlever vos chaussures. Si vous portez des lentilles de contact, il est conseillé de les enlever. Gardez vos jambes et vos pieds décroisés.

Rappelez-vous que ne pas atteindre un objectif ne signifie pas que c'est un échec. Il se peut que vous ayez besoin d'approcher votre objectif d'une manière différente ou d'être plus persistant.

Pratiquez l'auto-hypnose sur une base régulière. Détendez-vous et prenez votre temps. Acceptez le rythme auquel vous obtenez des résultats, si petits qu'ils puissent vous sembler au premier abord. Croyez en vous-même et vous atteindrez le succès que vous désirez.

Suggestions post-hypnotiques

Voici quelques suggestions post-hypnotiques que vous pouvez utiliser lors de votre séance d'auto-hypnose. Sentez-vous libre de les modifier pour répondre à vos besoins particuliers.

« Chaque jour je suis calme, confiant et détendu. »

« Je deviens plus autoritaire et plus confiant quand je parle à des collègues. »

« Chaque jour, je m'accepte davantage tel que je suis. »

« Chaque fois que je me mets en état d'hypnose, je me détends plus profondément. »

« Je trouve facile d'arrêter de fumer. »

« Je mange trois repas équilibrés par jour. »

Merci !

Vous avez atteint votre objectif, vous êtes débarrassé du stress ou d'une habitude nocive grâce à la méthode présentée ici ?

Ou tout simplement ce livre vous a plu ?

Si oui, pourquoi ne pas <u>laissez un commentaire</u> sur Amazon afin de témoigner et de partager ce que vous avez appris ?

Plus nous serons nombreux à sentir heureux, détendu et maîtres de nos vies, mieux le monde se portera.

Quant à moi, je vous remercie d'avoir pris le temps de lire ce petit guide pratique de la série « Droit au but ! » qui, comme son nom l'indique, a été créée pour vous aider à atteindre votre but rapidement et sans fioritures !

Série « Droit au but ! »

Toutes les thématiques exposées, toutes les techniques révélées... simplement et sans fioritures !

Une nouvelle collection de guides pratiques clairs et simples à lire, qui vous présentent les meilleures techniques pour réussir sur les sujets traités.

Déjà parus :

Libérez-vous de votre corps ! : 10 techniques redoutablement EFFICACES pour faire ENFIN un voyage astral

Ouvrez votre 3e oeil !: Réveillez INSTANTANÉMENT votre glande pinéale avec 2 exercices simples et redoutablement EFFICACES

Voyez L'Aura !: Apprenez À Percevoir Et Décoder L'Aura Grâce à Une Technique Simple Et TRÈS Efficace (Droit Au But ! t. 4)

www.ingramcontent.com/pod-product-compliance
Lightning Source LLC
Chambersburg PA
CBHW061942280526
45787CB00004B/1696